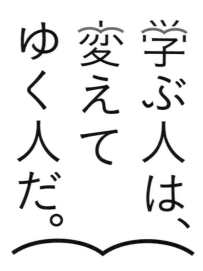

学ぶ人は、
変えて
ゆく人だ。

目の前にある問題はもちろん、

人生の問いや、

社会の課題を自ら見つけ、

挑み続けるために、人は学ぶ。

「学び」で、

少しずつ世界は変えてゆける。

いつでも、どこでも、誰でも、

学ぶことができる世の中へ。

旺文社

JN050848

小学生のための 英語練習帳 2
英単語400［改訂版］

もくじ

この本の特長と使い方

英単語が身につく 3 つのステップ

→ 全部書けたら，ここに色をぬろう

6 | くだもの

| 学習日 | 月 日 |

くだものを表す単語を身につけよう。

1. 発音のかくにん ①から⑥まで順に音声で発音を聞いたあと，声に出して言ってみよう。

① apple 〔英検5級〕
② orange 〔英検5級〕
③ banana

④ melon
⑤ grape 〔英検5級〕
⑥ lemon

2. つづりのかくにん 音声で発音を聞いてつづりを確認したあと，声に出して言いながら，なぞって書いてみよう。

① リンゴ
apple
🐻 p は 2 つだよ。

② オレンジ
orange
🐻 さいごの e を忘れないでね。

③ バナナ
banana
🐻 ra ではなく lo だよ。

④ メロン
melon

⑤ ブドウ
grape
🐻 一房は grapes だよ。

⑥ レモン
lemon
🐻 re ではなく le だよ。

20

3. 単語を身につける なぞったあと，声に出して言いながら，自分で単語を何回か書いてみよう。

③

① リンゴ
apple

② オレンジ
orange

③ バナナ
banana

④ メロン
melon

⑤ ブドウ
grape

⑥ レモン
lemon

そのほかのくだものを表す単語も身につけよう！

⑦ くだもの 〔英検5級〕 fruit
⑧ モモ peach
⑨ イチゴ 〔英検5級〕 strawberry
⑩ サクランボ cherry

21

英検 5 級ででる単語には，「英検 5 級」のしるしがついているよ

そのほかの単語もかくにんしよう

1 発音のかくにん 〈聞いて，話す〉

まずは発音をかくにんしよう。それぞれの単語をどう読むのか，音声で発音を聞いたあと，声に出して言ってみよう。

① apple 〔英検5級〕 apple

appleの読み方がわかったぞ。

この本では，聞いて，話して，書くことで，英単語を身につけられるよ。
単語を身につけるために，次の3つのステップの順に学習しよう。

2 つづりのかくにん〈聞いて，話して，なぞる〉

次につづりのかくにんだよ。音声でつづりをかくにんしたあと，声に出して言いながら，なぞって書いてみよう。音声では文字が一つずつ読まれたあと，単語が読まれるよ。なぞるときは●のところから書き始めよう。

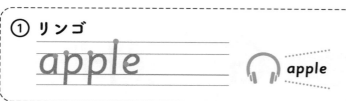

① リンゴ

apple 🎧 …… apple

a. p. p. l. eで，appleか。つづりがわかったぞ！

3 単語を身につける〈なぞって，書く〉

最後につづりを定着させるよ。声に出して言いながら，もう一度なぞったあとで，何回か書こう。下の例のように，■にぴったりおさまるように書いてみてね。

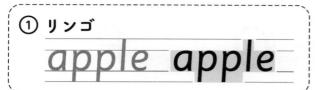

① リンゴ

apple apple

なぞったあと，書いてみた！appleはもう覚えたぞ！

やってみよう

それまで学習した英単語が身についているかを，かくにんするページだよ。
穴うめやクイズなどの問題に挑戦してみよう。

いっしょに学ぶ仲間たち

くまのすけ先生
英語を教えて20年の大ベテラン。やさしく，おもしろく教えることがモットー。丸めがねがお気に入り。

マナブくん
くまのすけ先生の教え子。先生と英語学習を始めてから英語が大好きに。体を動かすことも好き。

アルファベット

大文字

A B C D

E F G H

I J K L

M N O P

Q R S T

U V W X

Y Z

書き順は，
書きやすいものを
しょうかいしているよ。

英語で使われる文字全体のことを「アルファベット」といい，大文字と小文字が26文字ずつ，全部で52文字あるよ。読み方を音声でかくにんして，書き順を見ながら書いてみよう。

小文字

発音も
聞いてみよう。

英語の書き方

アルファベットの書き方

① 右のような4本線を使って英語の文字を書く練習をしよう。上から3つ目の線は基本となる線。目立つように青くしてあるよ。

② 大文字は全部一番上の線と青い線の間に書くよ。

③ 小文字は文字によってちがうよ。iとjとtの3つは例外だけど，ほかの文字はこの3種類のどれかになるよ。

❶ 青い線とすぐ上の線の間に入るもの（aやcなど）

❷ 青い線と一番上の線の間に入るもの（bやdなど）

❸ 青い線をはさんで，そのすぐ上と下の線の間に入るもの（gやyなど）

④ また，英語の文字を書くときは右のようなことにも注意しよう。

①

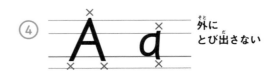

④ A a　外にとび出さない

B b　1つの文字ですき間を作らない

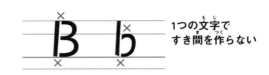

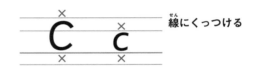

C c　線にくっつける

単語の書き方

単語を書くときは文字と文字の間かくが大事だよ。間かくがつまりすぎたり，あきすぎたりしないように注意しよう。dog「イヌ」の例を見てみよう。

○ よい　dog　　× つまりすぎ　dog　　× あきすぎ　d o g

上のように単語はふつう小文字で書くよ。ただし，人の名前，国名，地名，月，曜日などは最初の文字を大文字で書き始めるよ。

人の名前　例:「タロウ」

↑
大文字

国名　例:「日本」

地名　例:「東京」
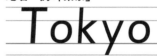

音声について

左の音声マークがある箇所は音声が収録されています。マークに示された数字はトラック番号を表します。音声は，二次元コード，アプリ，サイトから無料で聞くことができますので，学習環境に合わせてご利用ください。

公式アプリ「英語の友」（iOS/Android）で聞く

① 「英語の友」公式サイトよりアプリをインストール
（右の二次元コードから読み込めます）

https://eigonotomo.com/

② ライブラリより『小学生のための英語練習帳2 英単語400［改訂版］』を選び，「追加」ボタンをタップ

※本アプリの機能の一部は有料ですが，本書の音声は無料でお聞きいただけます。
※詳しいご利用方法は「英語の友」公式サイト，またはアプリ内のヘルプをご参照ください。
※本サービスは予告なく終了することがあります。

二次元コードで聞く

各ページのマーク横の二次元コードをスマートフォン・タブレットで読み取ってください。

音声サイトを利用する

下記の専用サイトにアクセスし，お使いの書籍を選択してください。

https://service.obunsha.co.jp/tokuten/eigoren/

ダウンロードまたはストリーミングで音声を再生できます。

※ダウンロードについて：音声ファイルはMP3形式です。ZIP形式で圧縮されていますので，解凍（展開）して，MP3を再生できるデジタルオーディオプレーヤーなどでご活用ください。解凍（展開）せずに利用されると，ご使用の機器やソフトウェアにファイルが認識されないことがあります。デジタルオーディオプレーヤーなどの機器への音声ファイルの転送方法は，各製品の取り扱い説明書などをご覧ください。
※スマートフォンやタブレットでは音声をダウンロードできません。
※音声を再生する際の通信料にご注意ください。
※ご使用機器，音声再生ソフトなどに関する技術的なご質問は，ハードメーカーもしくはソフトメーカーにお願いします。
※本サービスは予告なく終了することがあります。

1 ｜ 家にあるもの①

家にあるものを表す単語を身につけよう。

1. 発音のかくにん　①から⑥まで順に音声で発音を聞いたあと，声に出して言ってみよう。

① **room**
英検5級

② **door**
英検5級

③ **book**
英検5級

④ **ball**
英検5級

⑤ **cup**
英検5級

⑥ **TV**
英検5級

2. つづりのかくにん　音声で発音を聞いてつづりを確認したあと，声に出して言いながら，なぞって書いてみよう。

① 部屋

room

 o は 2 つだよ。

② ドア，とびら

door

 o は 2 つだよ。

③ 本

book

 o は 2 つだよ。

④ ボール

ball

 l は 2 つだよ。

⑤ カップ

cup

 はじめは c だよ。

⑥ テレビ

TV

 T も V も大文字だよ。

3. 単語を身につける

なぞったあと，声に出して言いながら，
自分で単語を何回か書いてみよう。

① 部屋（へや）

room

② ドア，とびら

door

③ 本（ほん）

book

④ ボール

ball

⑤ カップ

cup

⑥ テレビ

TV

そのほかの家にあるものを表す単語も身につけよう！

⑦ 窓（まど）
英検5級 window

⑧ 台所（だいどころ）
英検5級 kitchen

⑨ かけ[置き]時計（どけい）
clock

⑩ 絵，写真（え，しゃしん）
英検5級 picture

2 | 家にあるもの②

家にあるものを表す単語を身につけよう。

1. 発音のかくにん ①から⑥まで順に音声で発音を聞いたあと，声に出して言ってみよう。

① **cap**
英検5級

② **hat**
英検5級

③ **bag**
英検5級

④ **shoes**
英検5級

⑤ **socks**

⑥ **pants**

2. つづりのかくにん 音声で発音を聞いてつづりを確認したあと，声に出して言いながら，なぞって書いてみよう。

① （ふちなしの）ぼうし

cap

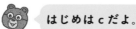
はじめは c だよ。

② （ふちのある）ぼうし

hat

③ かばん，袋

bag

④ くつ（2つ1組）

shoes

oe の順番だよ。

⑤ くつ下（2つ1組）

socks

ck の順番だよ。

⑥ ズボン

pants

なぞったあと，声に出して言いながら，
自分で単語を何回か書いてみよう。

① （ふちなしの）ぼうし

cap

② （ふちのある）ぼうし

hat

③ かばん，袋

bag

④ くつ（2つ1組）

shoes

⑤ くつ下（2つ1組）

socks

⑥ ズボン

pants

そのほかの家にあるものを表す単語も身につけよう！

⑦ Tシャツ	⑧ スカート	⑨ うで時計	⑩ コンピューター
英検5級 T-shirt	英検5級 skirt	英検5級 watch	英検5級 computer

3 ｜ 家にあるもの③

家にあるものを表す単語を身につけよう。

1. 発音のかくにん

①から⑥まで順に音声で発音を聞いたあと，声に出して言ってみよう。

① **bed**
英検5級

② **toy**
英検5級

③ **desk**
英検5級
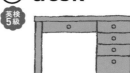

④ **box**
英検5級

⑤ **card**
英検5級

⑥ **map**

2. つづりのかくにん

音声で発音を聞いてつづりを確認したあと，声に出して言いながら，なぞって書いてみよう。

① ベッド

bed

 b と d の向きをまちがえないでね。

② おもちゃ

toy

 さいごは y だよ。

③ 机

desk

④ 箱

box

 さいごは x だよ。

⑤ カード，はがき

card

 はじめは c だよ。

⑥ 地図

map

① ベッド

bed

② おもちゃ

toy

③ 机(つくえ)

desk

④ 箱(はこ)

box

⑤ カード，はがき

card

⑥ 地図(ちず)

map

そのほかの家にあるものを表す単語も身につけよう！

⑦ いす
英検5級 chair

⑧ テーブル
英検5級 table

⑨ 手紙(てがみ)
英検5級 letter

⑩ マンガ
英検5級 comic

4 ｜ 学校

学校に関する単語を身につけよう。

1. 発音のかくにん

①から⑥まで順に音声で発音を聞いたあと，声に出して言ってみよう。

① **school** 英検5級

② **test** 英検5級

③ **class** 英検5級

④ **notebook** 英検5級

⑤ **pencil** 英検5級

⑥ **eraser** 英検5級

2. つづりのかくにん

音声で発音を聞いてつづりを確認したあと，声に出して言いながら，なぞって書いてみよう。

① 学校

school

 h を忘れないでね。

② テスト

test

③ クラス，学級，授業

class

 s は 2 つだよ。

④ ノート

notebook

 book の o は 2 つだよ。

⑤ えんぴつ

pencil

 さいごは cil だよ。

⑥ 消しゴム

eraser

 さいごは ser だよ。

① **学校**

school

② **テスト**

test

③ **クラス，学級，授業**

class

④ **ノート**

notebook

⑤ **えんぴつ**

pencil

⑥ **消しゴム**

eraser

そのほかの学校に関する単語も身につけよう！

⑦ **教室**
英検5級 classroom

⑧ **教科書**
英検5級 textbook

⑨ **宿題**
英検5級 homework

⑩ **定規**
英検5級 ruler

5 | 教科

06

教科を表す単語を身につけよう。

1. 発音のかくにん

①から⑥まで順に音声で発音を聞いたあと，声に出して言ってみよう。

① **English**
英検5級

② **Japanese**
英検5級

③ **math**
英検5級

④ **science**
英検5級

⑤ **P.E.**
英検5級

⑥ **music**
英検5級

2. つづりのかくにん

音声で発音を聞いてつづりを確認したあと，声に出して言いながら，なぞって書いてみよう。

① 英語

English

 はじめは大文字だよ。

② 国語，日本語

Japanese

 はじめは大文字だよ。

③ 算数，数学

math

 さいごは th だよ。

④ 理科

science

 はじめは sci だよ。

⑤ 体育

P.E.

 PE とも書くよ。

⑥ 音楽

music

 さいごは c だよ。

3. 単語を身につける

なぞったあと，声に出して言いながら，
自分で単語を何回か書いてみよう。

① 英語

English

② 国語，日本語

Japanese

③ 算数，数学

math

④ 理科

science

⑤ 体育

P.E.

⑥ 音楽

music

そのほかの教科を表す単語も身につけよう！

⑦ 社会科

social
studies

⑧ 図画工作

arts and
crafts

⑨ 家庭科

home
economics

⑩ 書写

calligraphy

やってみよう①　1〜5のおさらいクイズ

1 次の単語の □ には，3つとも同じ文字が入るよ。下の〔　〕から選んで，単語を完成させよう。

①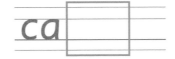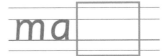

〔s，　p，　pu，　pp〕

②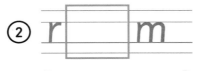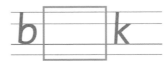

〔uu，　u，　ou，　oo〕

2 □ にあてはまる文字を2つの中から1つ選んで □ に書いて，日本語に合う単語を完成させよう。

① おもちゃ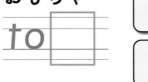

i

y

② 箱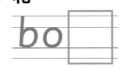

x

k

③ ベッド

b

d

④ （ふちのある）ぼうし

t

h

3 やぶれてしまった単語カードを線で結んで，単語を完成させよう。

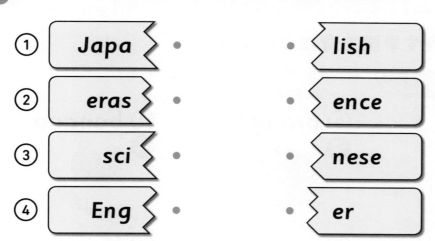

① Japa ・   ・ lish

② eras ・   ・ ence

③ sci ・   ・ nese

④ Eng ・   ・ er

［表現を覚えよう］ 🎧07

自分のものを紹介するとき

This is my book.
これはぼくの本です。

表現をチェック

This is my ～.

これはわたしの～です。

my

わたしの

This is my cup.
これはわたしのカップです。

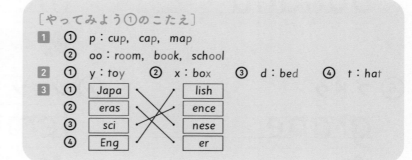

［やってみよう①のこたえ］

1 ① p：cup, cap, map
② oo：room, book, school

2 ① y：toy ② x：box ③ d：bed ④ t：hat

3 ① Japa ╳ lish
② eras   ence
③ sci   nese
④ Eng   er

6｜くだもの

くだものを表す単語を身につけよう。

1. 発音のかくにん

①から⑥まで順に音声で発音を聞いたあと，声に出して言ってみよう。

① **apple**
英検5級

② **orange**
英検5級

③ **banana**
英検5級

④ **melon**

⑤ **grape**
英検5級

⑥ **lemon**

2. つづりのかくにん

音声で発音を聞いてつづりを確認したあと，声に出して言いながら，なぞって書いてみよう。

① リンゴ

apple

 p は 2 つだよ。

② オレンジ

orange

 さいごの e を忘れないでね。

③ バナナ

banana

④ メロン

melon

 ro ではなく lo だよ。

⑤ ブドウ

grape

 一房は grapes だよ。

⑥ レモン

lemon

 re ではなく le だよ。

3. 単語を身につける

なぞったあと, 声に出して言いながら,
自分で単語を何回か書いてみよう。

① リンゴ

apple

② オレンジ

orange

③ バナナ

banana

④ メロン

melon

⑤ ブドウ

grape

⑥ レモン

lemon

そのほかのくだものを表す単語も身につけよう！

⑦ くだもの
英検5級 fruit

⑧ モモ
peach

⑨ イチゴ
英検5級 strawberry

⑩ サクランボ
cherry

7 | おやつ, デザート, のみもの

おやつ, デザート, のみものを表す単語を身につけよう。

1. 発音のかくにん
①から⑥まで順に音声で発音を聞いたあと, 声に出して言ってみよう。

① **cake**
英検5級

② **milk**
英検5級

③ **tea**
英検5級

④ **juice**
英検5級

⑤ **yogurt**

⑥ **water**
英検5級

2. つづりのかくにん
音声で発音を聞いてつづりを確認したあと, 声に出して言いながら, なぞって書いてみよう。

① ケーキ
cake
 はじめは c だよ。

② 牛乳, ミルク
milk
 ✗ではなく, l だよ。

③ 茶, 紅茶
tea
 ✗ee ではなく ea だよ。

④ ジュース
juice
 ui の順番だよ。

⑤ ヨーグルト
yogurt
 ur の部分をまちがえないでね。

⑥ 水
water
 はじめは wa だよ。

3. 単語を身につける

なぞったあと, 声に出して言いながら, 自分で単語を何回か書いてみよう。

① ケーキ

cake

② 牛乳, ミルク

milk

③ 茶, 紅茶

tea

④ ジュース

juice

⑤ ヨーグルト

yogurt

⑥ 水

water

そのほかのおやつ, デザートを表す単語も身につけよう！

⑦ キャンディ

candy

⑧ パフェ

parfait

⑨ チョコレート

英検5級 chocolate

⑩ アイスクリーム

英検5級 ice cream

8 ｜ 食事①

食事に関する単語を身につけよう。

1. 発音のかくにん
①から⑥まで順に音声で発音を聞いたあと，声に出して言ってみよう。

① **food**
英検5級

② **rice**
英検5級

③ **bread**
英検5級

④ **fish**
英検5級

⑤ **egg**
英検5級

⑥ **soup**
英検5級

2. つづりのかくにん
音声で発音を聞いてつづりを確認したあと，声に出して言いながら，なぞって書いてみよう。

① 食べ物

food

 o は 2 つだよ。

② 米，ごはん

rice

 さいごは ce だよ。

③ パン

bread

 ea の部分をまちがえないでね。

④ 魚

fish

⑤ たまご

egg

 g は 2 つだよ。

⑥ スープ

soup

 uu ではなく ou だよ。

3. 単語を身につける

なぞったあと，声に出して言いながら，
自分で単語を何回か書いてみよう。

① 食べ物

food

② 米，ごはん

rice

③ パン

bread

④ 魚

fish

⑤ たまご

egg

⑥ スープ

soup

そのほかの食事に関する単語も身につけよう！

⑦ （食用の）肉
英検5級 meat

⑧ 牛肉
beef

⑨ ぶた肉
pork

⑩ とり肉
chicken

9 | 食事②

食事に関する単語を身につけよう。

1. 発音のかくにん

①から⑥まで順に音声で発音を聞いたあと，声に出して言ってみよう。

① **breakfast**
英検5級

② **lunch**
英検5級

③ **dinner**
英検5級

④ **salad**
英検5級

⑤ **pizza**
英検5級

⑥ **hamburger**
英検5級

2. つづりのかくにん

音声で発音を聞いてつづりを確認したあと，声に出して言いながら，なぞって書いてみよう。

① 朝食

breakfast

 re ではなく rea だよ。

② 昼食

lunch

 la ではなく lu だよ。

③ 夕食

dinner

 n は 2 つだよ。

④ サラダ

salad

⑤ ピザ

pizza

 z は 2 つだよ。

⑥ ハンバーガー

hamburger

① 朝食

breakfast

② 昼食

lunch

③ 夕食

dinner

④ サラダ

salad

⑤ ピザ

pizza

⑥ ハンバーガー

hamburger

そのほかの食事に関する単語も身につけよう！

⑦ サンドイッチ
英検5級 sandwich

⑧ スパゲッティ
spaghetti

⑨ ホットドッグ
hot dog

⑩ オムレツ
omelet

10 | 野菜（やさい）

野菜を表す単語を身につけよう。

1. 発音（はつおん）のかくにん

①から⑥まで順に音声で発音を聞いたあと，声に出して言ってみよう。

① **tomato**
英検5級

② **carrot**
英検5級

③ **potato**
英検5級

④ **onion**
英検5級

⑤ **lettuce**

⑥ **pumpkin**
英検5級

2. つづりのかくにん

音声で発音を聞いてつづりを確認したあと，声に出して言いながら，なぞって書いてみよう。

① トマト

tomato

② ニンジン

carrot

 r は 2 つだよ。

③ ジャガイモ

potato

 poteto ではなく potato だよ。

④ タマネギ

onion

⑤ レタス

lettuce

 t は 2 つだよ。

⑥ カボチャ

pumpkin

3. 単語を身につける

なぞったあと，声に出して言いながら，
自分で単語を何回か書いてみよう。

① トマト

tomato

② ニンジン

carrot

③ ジャガイモ

potato

④ タマネギ

onion

⑤ レタス

lettuce

⑥ カボチャ

pumpkin

[そのほかの野菜を表す単語も身につけよう！] 🎧

⑦ ナス
eggplant

⑧ キュウリ
英検5級 cucumber

⑨ キャベツ
cabbage

⑩ 野菜
英検5級 vegetable

やってみよう② 6〜10のおさらいクイズ

1 次の単語の □ に文字を入れて，しりとりを完成させよう。入れる文字は，下にヒントがあるよ。使わない文字もあるから注意！

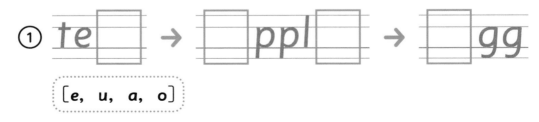

① te□ → □ppl□ → □gg

[e, u, a, o]

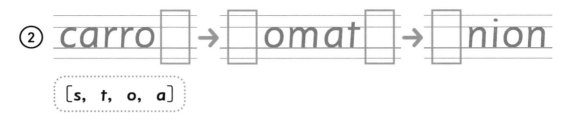

② carro□ → □omat□ → □nion

[s, t, o, a]

2 絵に合う単語になるように，よごれてしまったところにあてはまる文字を書こう。

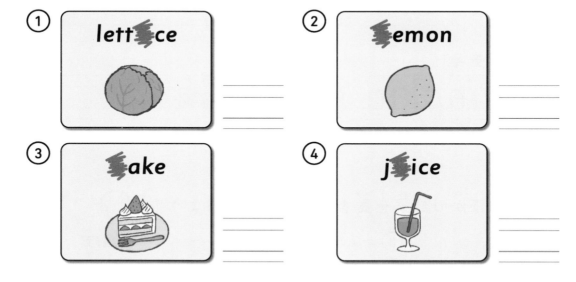

① lett■ce

② ■emon

③ ■ake

④ j■ice

3 絵をヒントに，あいているところにあてはまる文字を入れて，クロスワードパズルを完成させよう。

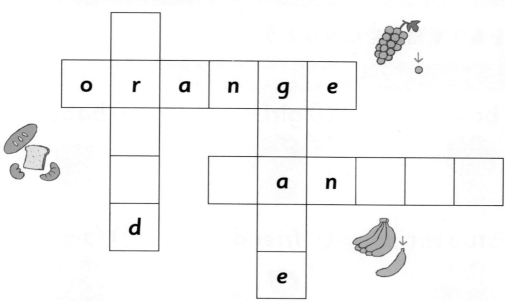

［表現を覚えよう］ 🎧13

自分の好きなものをいうとき

……………………………………

I like pizza.
ぼくはピザが好きです。

表現をチェック

I like 〜.

わたしは〜が好きです。

I like. yogurt.
わたしはヨーグルトが好きです。

［やってみよう②のこたえ］

1 ① tea → apple → egg
　　② carrot → tomato → onion
2 ① u：lettuce　② l：lemon
　　③ c：cake　④ u：juice

3
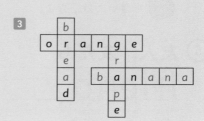

31

11 | 人①

人を表す単語を身につけよう。

1. 発音のかくにん ①から⑥まで順に音声で発音を聞いたあと，声に出して言ってみよう。

① **boy**
英検5級

② **girl**
英検5級

③ **baby**

④ **student**
英検5級

⑤ **friend**
英検5級

⑥ **family**
英検5級

2. つづりのかくにん 音声で発音を聞いてつづりを確認したあと，声に出して言いながら，なぞって書いてみよう。

① 少年，男の子

boy

 さいごは y だよ。

② 少女，女の子

girl

 ir の部分をまちがえないでね。

③ 赤ちゃん

baby

 さいごは y だよ。

④ 学生，生徒

student

⑤ 友人，友だち

friend

 re ではなく rie だよ。

⑥ 家族

family

 さいごは ly だよ。

なぞったあと，声に出して言いながら，
自分で単語を何回か書いてみよう。

① 少年，男の子

boy

② 少女，女の子

girl

③ 赤ちゃん

baby

④ 学生，生徒

student

⑤ 友人，友だち

friend

⑥ 家族

family

そのほかの人を表す単語も身につけよう！

⑦ 子ども
child

⑧ 男の人
英検5級 man

⑨ 女の人
英検5級 woman

⑩ 人々
英検5級 people

12 | 人 ②

人を表す単語を身につけよう。

1. 発音のかくにん

①から⑥まで順に音声で発音を聞いたあと、声に出して言ってみよう。

① **father**
英検5級

② **mother**
英検5級

③ **brother**
英検5級

④ **sister**
英検5級

⑤ **uncle**
英検5級

⑥ **aunt**
英検5級

2. つづりのかくにん

音声で発音を聞いてつづりを確認したあと、声に出して言いながら、なぞって書いてみよう。

① 父，お父さん

father

 th の部分をまちがえないでね。

② 母，お母さん

mother

 ma ではなく mo だよ。

③ 兄，弟

brother

 ra ではなく ro だよ。

④ 姉，妹

sister

 さいごは er だよ。

⑤ おじ

uncle

 はじめは a ではなく u だよ。

⑥ おば

aunt

3. 単語を身につける

なぞったあと，声に出して言いながら，
自分で単語を何回か書いてみよう。

① 父，お父さん

father

② 母，お母さん

mother

③ 兄，弟

brother

④ 姉，妹

sister

⑤ おじ

uncle

⑥ おば

aunt

そのほかの人を表す単語も身につけよう！

⑦ そぼ
英検5級 grandmother

⑧ そふ
英検5級 grandfather

⑨ むすめ
英検5級 daughter

⑩ むすこ
英検5級 son

35

13 | 仕事，職業①

仕事，職業を表す単語を身につけよう。

1. 発音のかくにん
①から⑥まで順に音声で発音を聞いたあと，声に出して言ってみよう。

① job

② teacher
英検5級

③ doctor
英検5級

④ nurse
英検5級

⑤ farmer

⑥ singer
英検5級

2. つづりのかくにん
音声で発音を聞いてつづりを確認したあと，声に出して言いながら，なぞって書いてみよう。

① 仕事

job

② 先生

teacher

 ti ではなく tea だよ。

③ 医者

doctor

 さいごは or だよ。

④ 看護師

nurse

 nar ではなく nur だよ。

⑤ 農場主

farmer

 さいごは er だよ。

⑥ 歌手

singer

 さいごは er だよ。

3. 単語を身につける

なぞったあと，声に出して言いながら，
自分で単語を何回か書いてみよう。

① 仕事

job

② 先生

teacher

③ 医者

doctor

④ 看護師

nurse

⑤ 農場主

farmer

⑥ 歌手

singer

そのほかの仕事，職業を表す単語も身につけよう！

⑦ 消防士
英検5級 firefighter

⑧ 芸術家
artist

⑨ サッカー選手
soccer
player

⑩ 客室乗務員
flight
attendant
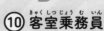
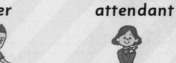

37

14 | 仕事，職業②，地位

仕事，職業，地位を表す単語を身につけよう。

1. 発音のかくにん ①から⑥まで順に音声で発音を聞いたあと，声に出して言ってみよう。

① **cook**
英検5級

② **baker**

③ **pilot**
英検5級

④ **florist**

⑤ **vet**

⑥ **king**

2. つづりのかくにん 音声で発音を聞いてつづりを確認したあと，声に出して言いながら，なぞって書いてみよう。

① 料理人，コック

cook

 o は 2 つだよ。

② パン屋さん

baker

 さいごは er だよ。

③ パイロット

pilot

 pai ではなく pi だよ。

④ 花屋さん

florist

 l と r をまちがえないでね。

⑤ じゅう医

vet

⑥ 王

king

なぞったあと，声に出して言いながら，
自分で単語を何回か書いてみよう。

① 料理人，コック

cook

② パン屋さん

baker

③ パイロット

pilot

④ 花屋さん

florist

⑤ じゅう医

vet

⑥ 王

king

そのほかの仕事，職業，地位を表す単語も身につけよう！

⑦ 女王

queen

⑧ 歯医者

dentist

⑨ 科学者

scientist

⑩ お笑い芸人

comedian

やってみよう③ 11〜14 のおさらいクイズ

1 ▢ にあてはまる文字を 2 つの中から 1 つ選んで ▢ に書いて，日本語に合う単語を完成させよう。

① 友人，友だち

fr▢end

| i |
| e |

② おば

a▢nt

| a |
| u |

③ 歌手

sing▢r

| e |
| a |

④ パイロット

pi▢ot

| l |
| r |

2 絵をヒントにして，▢ から文字をさがして，単語を完成させよう。

① n＿＿e

② fa＿＿y

③ st＿＿nt

u	l	r
e	s	u
i	d	m

3 絵をヒントに，あいているところにあてはまる文字を左から右の方向に入れて，パズルを完成させよう。さいごに赤いわくの中にできた単語を書こう。

	o				r
	b				
f			r		t
		i		g	

できた単語

_____

_____

[表現を覚えよう] （18）

「〜になりたい」と
いうとき
・・・・・・・・・・・・・・・・・・・・・・・・・・・

表現をチェック

I want to be 〜.

わたしは〜になりたいです。

I want to be a teacher.
ぼくは先生になりたいです。

I want to be a singer.
わたしは歌手になりたいです。

単語のページにもどって
発音もかくにんしよう。

[やってみよう③のこたえ]

1 ① i : friend　② u : aunt

③ e : singer　④ l : pilot

2 ① urs : nurse　② mil : family　③ ude : student

3

d	o	c	t	o	r
	b	o	y		
f	l	o	r	i	s	t
	k	i	n	g		

できた単語：cook

15 | 身体

身体の部分を表す単語を身につけよう。

1. 発音のかくにん

①から⑥まで順に音声で発音を聞いたあと，声に出して言ってみよう。

① **head**
英検5級

② **arm**

③ **back**

④ **hand**
英検5級

⑤ **leg**
英検5級

⑥ **foot**
英検5級

2. つづりのかくにん

音声で発音を聞いてつづりを確認したあと，声に出して言いながら，なぞって書いてみよう。

① 頭
head

 e ではなく ea だよ。

② 腕
arm

③ 背中
back

  c を忘れないでね。

④ 手
hand

⑤ 脚（ふともものつけ根から足首の部分）
leg

⑥ 足 （足首から下の部分）
foot

  o は 2 つだよ。

3. 単語を身につける

なぞったあと，声に出して言いながら，
自分で単語を何回か書いてみよう。

① 頭（あたま）

head

② 腕（うで）

arm

③ 背中（せなか）

back

④ 手（て）

hand

⑤ 脚（あし）（ふともものつけ根から足首の部分）

leg

⑥ 足（あし）（足首から下の部分）

foot

そのほかの身体（からだ）の部分（ぶぶん）を表（あらわ）す単語（たんご）も身（み）につけよう！

⑦ 肩（かた）
英検5級 shoulder

⑧ 胸（むね）
chest

⑨ ひざ
knee

⑩ 手の指（てゆび）
英検5級 finger

43

16 | 顔

顔の部分を表す単語を身につけよう。

1. 発音のかくにん ①から⑥まで順に音声で発音を聞いたあと、声に出して言ってみよう。

① **face**
英検5級

② **hair**
英検5級

③ **eye**

④ **ear**
英検5級

⑤ **nose**

⑥ **mouth**
英検5級

2. つづりのかくにん 音声で発音を聞いてつづりを確認したあと、声に出して言いながら、なぞって書いてみよう。

① 顔

face

 さいごは se ではなく ce だよ。

② 髪の毛

hair

 e ではなく ai だよ。

③ 目

eye

④ 耳

ear

⑤ 鼻

nose

 さいごは se だよ。

⑥ 口

mouth

 さいごは th だよ。

3. 単語を身につける

なぞったあと，声に出して言いながら，
自分で単語を何回か書いてみよう。

① 顔

face

② 髪の毛

hair

③ 目

eye

④ 耳

ear

⑤ 鼻

nose

⑥ 口

mouth

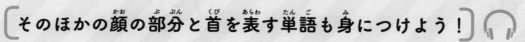

そのほかの顔の部分と首を表す単語も身につけよう！

⑦ 首
neck

⑧ くちびる
lip

⑨ 歯
tooth

⑩ ほお
cheek

17 | 生き物①，植物

生き物，植物を表す単語を身につけよう。

1. 発音のかくにん

①から⑥まで順に音声で発音を聞いたあと，声に出して言ってみよう。

① **dog**
英検5級

② **cat**
英検5級

③ **pet**
英検5級

④ **tree**
英検5級

⑤ **flower**
英検5級

⑥ **bird**
英検5級

2. つづりのかくにん

音声で発音を聞いてつづりを確認したあと，声に出して言いながら，なぞって書いてみよう。

① イヌ

dog

② ネコ

cat

 はじめは c だよ。

③ ペット

pet

④ 木

tree

 e は 2 つだよ。

⑤ 花

flower

 ow の部分をまちがえないでね。

⑥ 鳥

bird

 ir の部分をまちがえないでね。

3. 単語を身につける

なぞったあと，声に出して言いながら，自分で単語を何回か書いてみよう。

① イヌ

dog

② ネコ

cat

③ ペット

pet

④ 木

tree

⑤ 花

flower

⑥ 鳥

bird

そのほかの生き物を表す単語も身につけよう！

⑦ ウサギ
英検5級 rabbit

⑧ サル
英検5級 monkey

⑨ ハツカネズミ
mouse

⑩ 動物
英検5級 animal

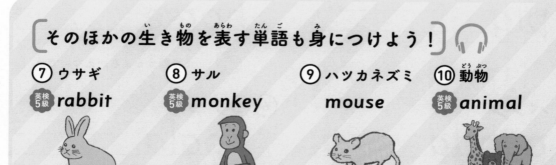

47

18 | 生き物②

生き物を表す単語を身につけよう。

1. 発音のかくにん
①から⑥まで順に音声で発音を聞いたあと，声に出して言ってみよう。

① lion

② tiger

③ pig

④ horse

⑤ panda

⑥ koala

2. つづりのかくにん
音声で発音を聞いてつづりを確認したあと，声に出して言いながら，なぞって書いてみよう。

① ライオン

lion

 はじめは l だよ。

② トラ

tiger

 さいごは er だよ。

③ ブタ

pig

④ 馬

horse

 or の部分をまちがえないでね。

⑤ パンダ

panda

⑥ コアラ

koala

 さいごは ra ではなく la だよ。

3. 単語を身につける

なぞったあと，声に出して言いながら，
自分で単語を何回か書いてみよう。

① ライオン

lion

② トラ

tiger

③ ブタ

pig

④ 馬

horse

⑤ パンダ

panda

⑥ コアラ

koala

[そのほかの生き物を表す単語も身につけよう！] 🎧

⑦ ヒツジ
英検5級 sheep

⑧ ゾウ
英検5級 elephant
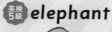

⑨ ペンギン
penguin

⑩ カンガルー
kangaroo

19 | 自然

自然を表す単語を身につけよう。

1. 発音のかくにん ①から⑥まで順に音声で発音を聞いたあと、声に出して言ってみよう。

① sky
英検5級

② sun

③ rain
英検5級

④ sea
英検5級

⑤ river
英検5級

⑥ snow
英検5級

2. つづりのかくにん 音声で発音を聞いてつづりを確認したあと、声に出して言いながら、なぞって書いてみよう。

① 空

sky

 さいごは y だよ。

② 太陽

sun

a ではなく u だよ。

③ 雨

rain

④ 海

sea

⑤ 川

river

 はじめは r だよ。

⑥ 雪

snow

3. 単語を身につける

なぞったあと，声に出して言いながら，
自分で単語を何回か書いてみよう。

① 空 (そら)

sky

② 太陽 (たいよう)

sun

③ 雨 (あめ)

rain

④ 海 (うみ)

sea

⑤ 川 (かわ)

river

⑥ 雪 (ゆき)

snow

そのほかの自然を表す単語も身につけよう！ 🎧

⑦ 天気，天候 (てんき，てんこう)
英検5級 weather

⑧ 雲 (くも)
cloud

⑨ 風 (かぜ)
wind

⑩ 山 (やま)
英検5級 mountain

やってみよう④ 15〜19 のおさらいクイズ

1 次の単語の □ に，右の □ の中から 1 文字を入れて，
日本語に合う単語を完成させよう。

① 川

 □iver

② 足（足首から下の部分）

 □oot

③ 髪の毛

 □air

④ ネコ

□at

| f |
| c |
| h |
| r |

2 下の絵をヒントにして，次の単語の □ に共通してあてはまる文字を
書き入れて，単語を完成させよう。

① koa□a
　□ion

② s□□
　h□□d

③ no□□
　hor□□

④ fl□□er
　sn□□

ヒント

3 絵を表す英語を見つけて，☐ でかこんでみよう。

f	p	e	v	k
s	k	y	m	a
u	i	e	a	r
n	u	r	r	a
l	c	a	m	y

［表現を覚えよう］ 🎧24

「これは何？」と聞くとき

表現をチェック

What's this?
これは何ですか？

It's ～.
それは～です。

What's this?
これは何？

It's a lion.
それはライオンよ。

単語のページにもどって
発音もかくにんしよう。

［やってみよう④のこたえ］

1 ① r：river ② f：foot
③ h：hair ④ c：cat

2 ① l：koala, lion ② ea：sea, head
③ se：nose, horse ④ ow：flower, snow

3

f	p	e	v	k
s	k	y	m	a
u	i	e	a	r
n	u	r	r	a
l	c	a	m	y

20 | 乗り物

 25

乗り物を表す単語を身につけよう。

1. 発音のかくにん

①から⑥まで順に音声で発音を聞いたあと，声に出して言ってみよう。

① **bike**
英検5級

② **car**
英検5級

③ **train**
英検5級

④ **bus**
英検5級

⑤ **taxi**
英検5級

⑥ **ship**
英検5級

2. つづりのかくにん

音声で発音を聞いてつづりを確認したあと，声に出して言いながら，なぞって書いてみよう。

① 自転車

bike

 さいごの e を忘れないでね。

② 車

car

③ 列車，電車

train

 ei ではなく ai だよ。

④ バス

bus

 a ではなく u だよ。

⑤ タクシー

taxi

⑥ 船

ship

 はじめは sh だよ。

3. 単語を身につける

なぞったあと，声に出して言いながら，
自分で単語を何回か書いてみよう。

① 自転車
bike

② 車
car

③ 列車，電車
train

④ バス
bus

⑤ タクシー
taxi

⑥ 船
ship

そのほかの乗り物を表す単語も身につけよう！

⑦ ボート，小舟
boat

⑧ トラック
truck

⑨ 飛行機
英検5級 **plane**

⑩ 地下鉄
subway

21 | 街①

街に関する単語を身につけよう。

1. 発音のかくにん
①から⑥まで順に音声で発音を聞いたあと，声に出して言ってみよう。

① city

② house

③ park

④ bridge

⑤ station

⑥ street

2. つづりのかくにん
音声で発音を聞いてつづりを確認したあと，声に出して言いながら，なぞって書いてみよう。

① 市，都市

city

 はじめは c だよ。

② 家

house

 au ではなく ou だよ。

③ 公園

park

④ 橋

bridge

 d を忘れないでね。

⑤ 駅

station

⑥ 通り

street

 e は 2 つだよ。

なぞったあと，声に出して言いながら，
自分で単語を何回か書いてみよう。

① 市，都市

city

② 家

house

③ 公園

park

④ 橋

bridge

⑤ 駅

station

⑥ 通り

street

[そのほかの街に関する単語も身につけよう！]

⑦ レストラン

英検5級 restaurant

⑧ スーパーマーケット

英検5級 supermarket

⑨ 本屋さん

英検5級 bookstore

⑩ バス停

英検5級 bus stop

22 | 街②

街に関する単語を身につけよう。

1. 発音のかくにん

①から⑥まで順に音声で発音を聞いたあと,声に出して言ってみよう。

① zoo
英検5級

② bank
英検5級

③ library
英検5級

④ hotel
英検5級

⑤ museum
英検5級

⑥ hospital
英検5級

2. つづりのかくにん

音声で発音を聞いてつづりを確認したあと,声に出して言いながら,なぞって書いてみよう。

① 動物園

zoo

　o は 2 つだよ。

② 銀行

bank

③ 図書館

library

　l と r をまちがえないでね。

④ ホテル

hotel

⑤ 博物館

museum

　siam ではなく seum だよ。

⑥ 病院

hospital

3. 単語を身につける

なぞったあと，声に出して言いながら，
自分で単語を何回か書いてみよう。

① 動物園

zoo

② 銀行

bank

③ 図書館

library

④ ホテル

hotel

⑤ 博物館

museum

⑥ 病院

hospital

そのほかの街に関する単語も身につけよう！

⑦ デパート
英検5級 department store

⑧ コンビニエンスストア
convenience store

⑨ 郵便局
英検5級 post office

⑩ 警察署
英検5級 police station

23 | スポーツ

スポーツを表^{あらわ}す単語^{たんご}を身^みにつけよう。

1. 発音^{はつおん}のかくにん

①から⑥まで順^{じゅん}に音声^{おんせい}で発音^{はつおん}を聞^きいたあと，声^{こえ}に出^だして言^いってみよう。

① **sport**
英検5級

② **soccer**
英検5級

③ **baseball**
英検5級

④ **tennis**
英検5級

⑤ **dancing**

⑥ **skiing**

2. つづりのかくにん

音声^{おんせい}で発音^{はつおん}を聞^きいてつづりを確認^{かくにん}したあと，声^{こえ}に出^だして言^いいながら，なぞって書^かいてみよう。

① スポーツ

sport

② サッカー

soccer

 c は 2 つだよ。

③ 野球^{やきゅう}

baseball

 l は 2 つだよ。

④ テニス

tennis

 n は 2 つだよ。

⑤ ダンス

dancing

⑥ スキー

skiing

なぞったあと，声に出して言いながら，
自分で単語を何回か書いてみよう。

① スポーツ

sport

② サッカー

soccer

③ 野球

baseball

④ テニス

tennis

⑤ ダンス

dancing

⑥ スキー

skiing

そのほかのスポーツを表す単語も身につけよう！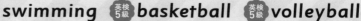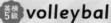

⑦ スケート
skating

⑧ 水泳
swimming

⑨ バスケットボール
英検5級 basketball

⑩ バレーボール
英検5級 volleyball

24 | 音楽（おんがく），楽器（がっき）

音楽（おんがく），楽器（がっき）を表（あらわ）す単語（たんご）を身（み）につけよう。

1. 発音（はつおん）のかくにん

①から⑥まで順（じゅん）に音声（おんせい）で発音（はつおん）を聞（き）いたあと，声（こえ）に出（だ）して言（い）ってみよう。

① **song**
英検5級

② **violin**
英検5級

③ **piano**
英検5級

④ **drum**

⑤ **guitar**
英検5級

⑥ **organ**

2. つづりのかくにん

音声（おんせい）で発音（はつおん）を聞（き）いてつづりを確認（かくにん）したあと，声（こえ）に出（だ）して言（い）いながら，なぞって書（か）いてみよう。

① 歌（うた）

song

② バイオリン

violin

 vai ではなく vi だよ。

③ ピアノ

piano

④ たいこ，ドラム

drum

 a ではなく u だよ。

⑤ ギター

guitar

⑥ オルガン

organ

 gi ではなく gui だよ。

3. 単語を身につける

なぞったあと，声に出して言いながら，自分で単語を何回か書いてみよう。

① 歌

song

② バイオリン

violin

③ ピアノ

piano

④ たいこ，ドラム

drum

⑤ ギター

guitar

⑥ オルガン

organ

[そのほかの楽器を表す単語も身につけよう！]

⑦ リコーダー
recorder

⑧ トランペット
trumpet

⑨ フルート
英検5級 flute

⑩ ハーモニカ
harmonica

やってみよう⑤ 20〜24のおさらいクイズ

1 日本語に合う単語になるように,
よごれてしまったところにあてはまる2文字を書こう。

① ギター

g◆tar _____

② 駅

sta◆on _____

③ 図書館

lib◆ry _____

④ 列車，電車

tr◆n _____

2 絵をヒントにして，次の単語の□に共通してあてはまる文字を書き入れて，
単語を完成させよう。

① b□s
dr□m

② sp□□t
□□gan

③ tax□
sk□ing

④ d□ncing
b□nk

ヒント

3 絵をヒントに，あいているところにあてはまる文字を入れて，クロスワードパズルを完成させよう。

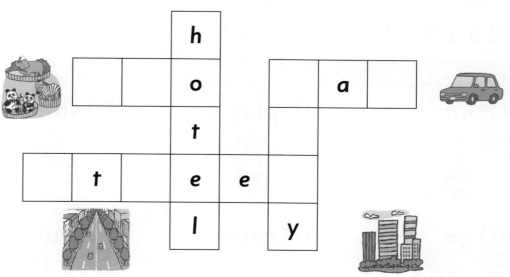

［やってみよう⑤のこたえ］

1 ① ui : guitar   ② ti : station
   ③ ra : library   ④ ai : train

2 ① u : bus, drum   ② or : sport, organ
   ③ i : taxi, skiing   ④ a : dancing, bank

3

		h				
z	o	o			c	a	r
		t			i	
s	t	r	e	e	t	
		l			y	

25 | 動きを表す単語①

動きを表す単語を身につけよう。

1. 発音のかくにん

①から⑥まで順に音声で発音を聞いたあと，声に出して言ってみよう。

① **have**
英検5級

② **play**
英検5級

③ **eat**
英検5級

④ **go**
英検5級

⑤ **come**
英検5級

⑥ **study**
英検5級

2. つづりのかくにん

音声で発音を聞いてつづりを確認したあと，声に出して言いながら，なぞって書いてみよう。

① ～を持っている

have

 さいごの e を忘れないでね。

② 遊ぶ，（スポーツなど）をする

play

 ei ではなく ay だよ。

③ ～を食べる

eat

④ 行く

go

⑤ 来る

come

 a ではなく o だよ。

⑥ （～を）勉強する

study

 a ではなく u だよ。

3. 単語を身につける

なぞったあと, 声に出して言いながら,
自分で単語を何回か書いてみよう。

① ～を持っている

have

② 遊ぶ, （スポーツなど）をする

play

③ ～を食べる

eat

④ 行く

go

⑤ 来る

come

⑥ （～を）勉強する

study

そのほかの動きを表す単語も身につけよう！

⑦ ～を飲む
英検5級 drink

⑧ 歩く
英検5級 walk

⑨ ～を知っている
英検5級 know

⑩ 泳ぐ
英検5級 swim

26｜動きを表す単語②

動きを表す単語を身につけよう。

1. 発音のかくにん

①から⑥まで順に音声で発音を聞いたあと，声に出して言ってみよう。

① like
英検5級

② live
英検5級

③ run
英検5級

④ see
英検5級

⑤ get
英検5級

⑥ want
英検5級

2. つづりのかくにん

音声で発音を聞いてつづりを確認したあと，声に出して言いながら，なぞって書いてみよう。

① ～が好きである

like

 lai ではなく li だよ。

② 住む，生きる

live

はじめは l だよ。

③ 走る

run

a ではなく u だよ。

④ ～が見える，～を見る

see

e が2つだよ。

⑤ ～を得る

get

⑥ ～がほしい

want

3. 単語を身につける

なぞったあと，声に出して言いながら，
自分で単語を何回か書いてみよう。

① ～が好きである

like

② 住む，生きる

live

③ 走る

run

④ ～が見える，～を見る

see

⑤ ～を得る

get

⑥ ～がほしい

want

そのほかの動きを表す単語も身につけよう！

⑦ （～を）開く
英検5級 open

⑧ （～を）閉じる
英検5級 close

⑨ ～をじっと見る
英検5級 watch

⑩ ねむる
英検5級 sleep

27 | 動きを表す単語③

動きを表す単語を身につけよう。

1.発音のかくにん

①から⑥まで順に音声で発音を聞いたあと，声に出して言ってみよう。

① **wait**

② **help**
英検5級

③ **look**
英検5級

④ **read**
英検5級

⑤ **buy**
英検5級

⑥ **sing**
英検5級

2.つづりのかくにん

音声で発音を聞いてつづりを確認したあと，声に出して言いながら，なぞって書いてみよう。

① 待つ

wait

 ei ではなく ai だよ。

② ～を助ける，～を手伝う

help

③ 見る

look

 o は 2 つだよ。

④ ～を読む

read

⑤ ～を買う

buy

⑥ （～を）歌う

sing

3. 単語を身につける

なぞったあと，声に出して言いながら，
自分で単語を何回か書いてみよう。

① 待つ

wait

② ～を助ける，～を手伝う

help

③ 見る

look

④ ～を読む

read

⑤ ～を買う

buy

⑥ （～を）歌う

sing

そのほかの動きを表す単語も身につけよう！ 🎧

⑦ 聞く
英検5級 listen

⑧ （～を）話す
英検5級 speak

⑨ （～を）書く
英検5級 write

⑩ 始まる，～を始める
英検5級 start

28 | ようすを表す単語①

ようすを表す単語を身につけよう。

1. 発音のかくにん

①から⑥まで順に音声で発音を聞いたあと,声に出して言ってみよう。

① **good**
英検5級

② **fine**
英検5級

③ **happy**
英検5級

④ **sad**

⑤ **tall**
英検5級

⑥ **short**
英検5級

2. つづりのかくにん

音声で発音を聞いてつづりを確認したあと,声に出して言いながら,なぞって書いてみよう。

① よい

good

 o は 2 つだよ。

② すばらしい, 元気な

fine

 さいごの e を忘れないでね。

③ 幸せな, うれしい

happy

 p は 2 つだよ。

④ 悲しい

sad

⑤ 背の高い

tall

 l は 2 つだよ。

⑥ 背の低い, 短い

short

 or の部分をまちがえないでね。

3. 単語を身につける

なぞったあと，声に出して言いながら，
自分で単語を何回か書いてみよう。

① よい

good

② すばらしい，元気な

fine

③ 幸せな，うれしい

happy

④ 悲しい

sad

⑤ 背の高い

tall

⑥ 背の低い，短い

short

そのほかのようすを表す単語も身につけよう！

⑦ おなかがすいた
英検5級 hungry

⑧ ねむい
英検5級 sleepy

⑨ たくさんの
英検5級 many

⑩ 甘い
英検5級 sweet

29 | ようすを表す単語②

   35

ようすを表す単語を身につけよう。

1. 発音のかくにん

①から⑥まで順に音声で発音を聞いたあと，声に出して言ってみよう。

① **new**
英検5級

② **old**
英検5級

③ **hot**
英検5級

④ **cold**
英検5級

⑤ **big**
英検5級
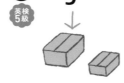

⑥ **small**
英検5級
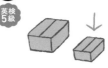

2. つづりのかくにん

音声で発音を聞いてつづりを確認したあと，声に出して言いながら，なぞって書いてみよう。

① 新しい

new

 neu ではなく new だよ。

② 古い，年をとった

old

③ 暑い，熱い

hot

④ 寒い，冷たい

cold

⑤ 大きい

big

⑥ 小さい

small

 l は 2 つだよ。

3. 単語を身につける

なぞったあと，声に出して言いながら，
自分で単語を何回か書いてみよう。

① 新しい

new

② 古い，年をとった

old

③ 暑い，熱い

hot

④ 寒い，冷たい

cold

⑤ 大きい

big

⑥ 小さい

small

そのほかのようすを表す単語も身につけよう！

⑦ 疲れた

tired

⑧ いそがしい

英検5級 busy

⑨ 長い

英検5級 long

⑩ 高い

英検5級 high

1 次の単語の □ に，右の □ の中から文字を入れて，
日本語に合う単語を完成させよう。

① よい

g □ □ d

② 小さい

sma □ □

ll
pp
oo
ee

③ 〜が見える，〜を見る

s □ □

④ 幸せな，うれしい

ha □ □ y

2 絵に合う単語になるように，よごれてしまったところに
あてはまる 2 文字を書こう。

①  n▩

②  s▩rt

③  ▩ld

④  ▩t

3

絵をヒントに，あいているところにあてはまる文字を左から右の方向に入れて，パズルを完成させよう。さいごに赤いわくの中にできた単語を書こう。

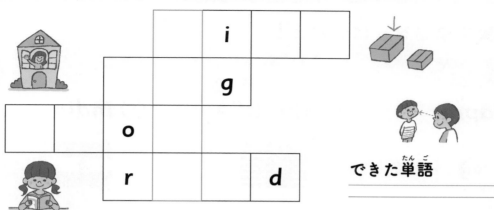

できた単語

_____

_____

単語のページにもどって
発音もかくにんしよう。

[表現を覚えよう] 🎧36

「あなたはサッカーを
しますか？」と聞くとき

表現をチェック

Do you play 〜?

あなたは〜をしますか？

Yes, I do. はい，します。

No, I don't. いいえ，しません。

Do you play soccer?
あなたはサッカーをしますか？

Yes, I do.
はい，します。

No, I don't.
いいえ，しません。

[やってみよう⑥のこたえ]

1　① oo：good　② ll：small
　　③ ee：see　④ pp：happy

2　① ew：new　② ho：short
　　③ co：cold　④ ho：hot

3
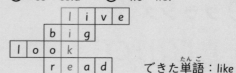

できた単語：like

30 | 国（くに）

国を表す単語を身につけよう。

1. 発音のかくにん

①から⑥まで順に音声で発音を聞いたあと，声に出して言ってみよう。

① **Japan**
英検5級

② **the USA**

③ **India**

④ **Italy**

⑤ **France**

⑥ **China**

2. つづりのかくにん

音声で発音を聞いてつづりを確認したあと，声に出して言いながら，なぞって書いてみよう。

① 日本（にほん）

Japan

 はじめは大文字だよ。

② アメリカ合衆国（がっしゅうこく）

the USA

③ インド

India

④ イタリア

Italy

 iではなくlだよ。

⑤ フランス

France

 さいごの e を忘れないでね。

⑥ 中国（ちゅうごく）

China

 はじめは Ch だよ。

3. 単語を身につける

なぞったあと，声に出して言いながら，
自分で単語を何回か書いてみよう。

① 日本

Japan

② アメリカ合衆国

the USA

③ インド

India

④ イタリア

Italy

⑤ フランス

France

⑥ 中国

China

そのほかの国を表す単語も身につけよう！

⑦ カナダ
英検5級 **Canada**

⑧ ドイツ
Germany

⑨ ロシア
Russia

⑩ オーストラリア
英検5級 **Australia**

31 | 色（いろ）

色（いろ）を表（あらわ）す単語（たんご）を身（み）につけよう。

1. 発音（はつおん）のかくにん

①から⑥まで順（じゅん）に音声（おんせい）で発音（はつおん）を聞（き）いたあと，声（こえ）に出（だ）して言（い）ってみよう。

① **red**
英検5級

② **pink**
英検5級

③ **blue**
英検5級

④ **green**
英検5級

⑤ **black**
英検5級

⑥ **white**
英検5級

2. つづりのかくにん

音声（おんせい）で発音（はつおん）を聞（き）いてつづりを確認（かくにん）したあと，声（こえ）に出（だ）して言（い）いながら，なぞって書（か）いてみよう。

① 赤（あか）

red

② ピンク

pink

③ 青（あお）

blue

 ue の部分（ぶぶん）をまちがえないでね。

④ 緑（みどり）

green

 e は 2 つだよ。

⑤ 黒（くろ）

black

 さいごは ck だよ。

⑥ 白（しろ）

white

 はじめは wh だよ。

3. 単語を身につける

なぞったあと，声に出して言いながら，
自分で単語を何回か書いてみよう。

① 赤 (あか)

red

② ピンク

pink

③ 青 (あお)

blue

④ 緑 (みどり)

green

⑤ 黒 (くろ)

black

⑥ 白 (しろ)

white

そのほかの色を表す単語も身につけよう！

⑦ 色 (いろ)
英検5級 color

⑧ 黄色 (きいろ)
英検5級 yellow

⑨ 茶色 (ちゃいろ)
英検5級 brown

⑩ 紫 (むらさき)
英検5級 purple

81

32 | 時

時を表す単語を身につけよう。

1. 発音のかくにん
①から⑥まで順に音声で発音を聞いたあと、声に出して言ってみよう。

① **time**
英検5級

② **hour**
英検5級

③ **day**
英検5級

④ **month**
英検5級

⑤ **year**
英検5級

⑥ **today**
英検5級

2. つづりのかくにん
音声で発音を聞いてつづりを確認したあと、声に出して言いながら、なぞって書いてみよう。

① 時間、時刻

time

 さいごの e を忘れないでね。

② 1時間

hour

 h は発音しないよ。

③ 日、1日

day

 ei ではなく ay だよ。

④ 月、1か月

month

 さいごは th だよ。

⑤ 年、1年

year

⑥ きょう

today

3. 単語を身につける

なぞったあと，声に出して言いながら，自分で単語を何回か書いてみよう。

① 時間，時刻

time

② 1 時間

hour

③ 日，1 日

day

④ 月，1 か月

month

⑤ 年，1 年

year

⑥ きょう

today

[そのほかの時を表す単語も身につけよう！]

⑦ 朝，午前
英検5級 **morning**

⑧ 午後
英検5級 **afternoon**

⑨ 夕方
英検5級 **evening**

⑩ 夜
英検5級 **night**

33 │ 月①, 季節

1月から6月を表す単語を身につけよう。

1. 発音のかくにん　①から⑥まで順に音声で発音を聞いたあと, 声に出して言ってみよう。

① **January**
英検5級

② **February**
英検5級

③ **March**
英検5級

④ **April**
英検5級

⑤ **May**
英検5級

⑥ **June**
英検5級

2. つづりのかくにん　音声で発音を聞いてつづりを確認したあと, 声に出して言いながら, なぞって書いてみよう。

① **1月**

January

 月はすべてはじめが大文字だよ。

② **2月**

February

 brua の部分をまちがえないでね。

③ **3月**

March

④ **4月**

April

 さいごは ril だよ。

⑤ **5月**

May

⑥ **6月**

June

 さいごの e を忘れないでね。

3. 単語を身につける

なぞったあと, 声に出して言いながら,
自分で単語を何回か書いてみよう。

① 1 月

January

② 2 月

February

③ 3 月

March

④ 4 月

April

⑤ 5 月

May

⑥ 6 月

June

[季節を表す単語も身につけよう！] 🎧

⑦ 夏
英検5級 summer

⑧ 冬
英検5級 winter

⑨ 春
英検5級 spring

⑩ 秋
英検5級 fall

34 | 月②，行事

7月から12月を表す単語を身につけよう。

1. 発音のかくにん
①から⑥まで順に音声で発音を聞いたあと，声に出して言ってみよう。

① **July**
英検5級

② **August**
英検5級

③ **September**
英検5級

④ **October**
英検5級

⑤ **November**
英検5級

⑥ **December**
英検5級

2. つづりのかくにん
音声で発音を聞いてつづりを確認したあと，声に出して言いながら，なぞって書いてみよう。

① 7月

July

 月はすべてはじめが大文字だよ。

② 8月

August

 はじめは Au だよ。

③ 9月

September

④ 10月

October

⑤ 11月

November

⑥ 12月

December

3. 単語を身につける

なぞったあと，声に出して言いながら，
自分で単語を何回か書いてみよう。

① 7 月

July

② 8 月

August

③ 9 月

September

④ 10 月

October

⑤ 11 月

November

⑥ 12 月

December

行事に関する単語も身につけよう！

⑦ たん生日
英検5級 birthday

⑧ クリスマス
Christmas

⑨ パーティー
英検5級 party

⑩ おくりもの
英検5級 present

87

35 | 曜日

曜日を表す単語を身につけよう。

1. 発音のかくにん

①から⑨まで順に音声で発音を聞いたあと，声に出して言ってみよう。

① **Sunday**
英検5級

② **Monday**
英検5級

③ **Tuesday**
英検5級

④ **Wednesday**
英検5級

⑤ **Thursday**
英検5級

⑥ **Friday**
英検5級

⑦ **Saturday**
英検5級

⑧ **week**
英検5級

⑨ **weekend**
英検5級

2. つづりのかくにん

音声で発音を聞いてつづりを確認したあと，声に出して言いながら，なぞって書いてみよう。

① 日曜日

Sunday

② 月曜日

Monday

③ 火曜日

Tuesday

④ 水曜日

Wednesday

⑤ 木曜日

Thursday

⑥ 金曜日

Friday

 曜日はすべてはじめが大文字だよ。

⑦ 土曜日

Saturday

⑧ 週

week

⑨ 週末

weekend

3. 単語を身につける

なぞったあと，声に出して言いながら，
自分で単語を何回か書いてみよう。

① 日曜日

Sunday

② 月曜日

Monday

③ 火曜日

Tuesday

④ 水曜日

Wednesday

⑤ 木曜日

Thursday

⑥ 金曜日

Friday

⑦ 土曜日

Saturday

⑧ 週

week

⑨ 週末

weekend

36 | 数字①

 43

数字を表す単語を身につけよう。

1. 発音のかくにん

①から⑨まで順に音声で発音を聞いたあと，声に出して言ってみよう。

① **one**
英検5級

② **two**
英検5級

③ **three**
英検5級

④ **four**
英検5級

⑤ **five**
英検5級

⑥ **six**
英検5級

⑦ **seven**
英検5級

⑧ **eight**
英検5級

⑨ **nine**
英検5級

2. つづりのかくにん

音声で発音を聞いてつづりを確認したあと，声に出して言いながら，なぞって書いてみよう。

① 1

one

② 2

two

③ 3

three

④ 4

four

⑤ 5

five

⑥ 6

six

⑦ 7

seven

⑧ 8

eight

⑨ 9

nine

なぞったあと，声に出して言いながら，
自分で単語を何回か書いてみよう。

① 1
one

② 2
two

③ 3
three

④ 4
four

⑤ 5
five

⑥ 6
six

⑦ 7
seven

⑧ 8
eight

⑨ 9
nine

37｜数字②

数字を表す単語を身につけよう。

1. 発音のかくにん
①から⑨まで順に音声で発音を聞いたあと，声に出して言ってみよう。

① ten
英検5級

② eleven
英検5級

③ twelve
英検5級

④ thirteen
英検5級

⑤ fourteen
英検5級

⑥ fifteen
英検5級

⑦ sixteen
英検5級

⑧ seventeen
英検5級

⑨ eighteen
英検5級

2. つづりのかくにん
音声で発音を聞いてつづりを確認したあと，声に出して言いながら，なぞって書いてみよう。

① 10
ten

② 11
eleven

③ 12
twelve

④ 13
thirteen

⑤ 14
fourteen

⑥ 15
fifteen

⑦ 16
sixteen

⑧ 17
seventeen

⑨ 18
eighteen

3. 単語を身につける

なぞったあと，声に出して言いながら，
自分で単語を何回か書いてみよう。

① **10**

ten

② **11**

eleven

③ **12**

twelve

④ **13**

thirteen

⑤ **14**

fourteen

⑥ **15**

fifteen

⑦ **16**

sixteen

⑧ **17**

seventeen

⑨ **18**

eighteen

38 | 数字③

数字を表す単語を身につけよう。

1. 発音のかくにん

①から⑨まで順に音声で発音を聞いたあと,声に出して言ってみよう。

① **nineteen**
英検5級

② **twenty**
英検5級

③ **thirty**
英検5級

④ **forty**
英検5級

⑤ **fifty**
英検5級

⑥ **sixty**
英検5級

⑦ **seventy**
英検5級

⑧ **eighty**
英検5級

⑨ **ninety**
英検5級

2. つづりのかくにん

音声で発音を聞いてつづりを確認したあと,声に出して言いながら,なぞって書いてみよう。

① **19**
nineteen

② **20**
twenty

③ **30**
thirty

④ **40**
forty

⑤ **50**
fifty

⑥ **60**
sixty

⑦ **70**
seventy

⑧ **80**
eighty

⑨ **90**
ninety

なぞったあと，声に出して言いながら，
自分で単語を何回か書いてみよう。

① **19**

nineteen

② **20**

twenty

③ **30**

thirty

④ **40**

forty

⑤ **50**

fifty

⑥ **60**

sixty

⑦ **70**

seventy

⑧ **80**

eighty

⑨ **90**

ninety

［そのほかの数字と序数も身につけよう！］

⑩ 100 〈英検5級〉 hundred   ⑪ 0 zero

⑫ 1番目 〈英検5級〉 first   ⑬ 2番目 〈英検5級〉 second

⑭ 3番目 〈英検5級〉 third   ⑮ 4番目 〈英検5級〉 fourth

⑯ 5番目 〈英検5級〉 fifth   ⑰ 6番目 〈英検5級〉 sixth

⑱ 7番目 〈英検5級〉 seventh   ⑲ 8番目 〈英検5級〉 eighth

⑳ 9番目 〈英検5級〉 ninth   ㉑ 10番目 〈英検5級〉 tenth

㉒ 11番目 〈英検5級〉 eleventh   ㉓ 12番目 〈英検5級〉 twelfth

［21，22…の表し方も身につけよう！］

「21」は「20」と「1」に分けて，「22」は「20」と「2」に分けて，〈・〉でつないで表すよ。

21 twenty-one   22 twenty-two

20 + 1   20 + 2

［表現を覚えよう］

「あなたは何さいですか？」と聞くとき

表現をチェック

How old are you?
あなたは何さいですか？

I'm ～ (years old).
わたしは～さいです。

How old are you?
あなたは何さいですか？

I'm ten.
10さいです。